Michel Kamala NAMAR

COVID 19 EN RIMES SUIVI DE ÉTATS D'ÂME

Michel Kamala NAMAR

COVID 19 EN RIMES SUIVI DE ÉTATS D'ÂME

Éditions Muse

Imprint
Any brand names and product names mentioned in this book are subject to trademark, brand or patent protection and are trademarks or registered trademarks of their respective holders. The use of brand names, product names, common names, trade names, product descriptions etc. even without a particular marking in this work is in no way to be construed to mean that such names may be regarded as unrestricted in respect of trademark and brand protection legislation and could thus be used by anyone.

Cover image: www.ingimage.com

Publisher:
Éditions Muse
is a trademark of
Dodo Books Indian Ocean Ltd. and OmniScriptum S.R.L publishing group

120 High Road, East Finchley, London, N2 9ED, United Kingdom
Str. Armeneasca 28/1, office 1, Chisinau MD-2012, Republic of Moldova, Europe
Managing Directors: Ieva Konstantinova, Victoria Ursu
info@omniscriptum.com

Printed at: see last page
ISBN: 978-620-2-29785-1

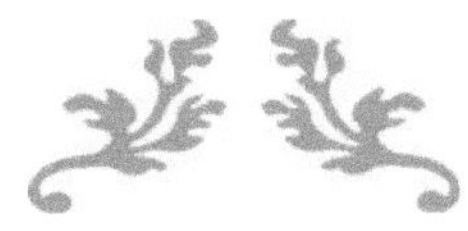

COVID 19 EN RIMES SUIVI DE ETATS D'AME

Edition revue

Dédicace

****

A ma muse Padiou...

****

A ceux & celles au front...

Partout à travers le monde.

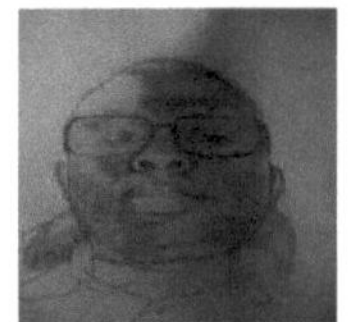

Avant-propos

****

Tout est parti d'un déclic que le hasard a voulu, me concernant, faire coïncider avec des situations ou instants de douleur vécus collectivement dans l'émoi.

***Dans Covid 19 en rimes**, j'ai voulu surtout évoquer à ma façon la pandémie à spectre mondial qui perdure et laisse pantoise la communauté internationale qui en parle ici et là en termes de solutions pour vite la contenir. Je le fais surtout pour rendre hommage aux victimes et aux acteurs au front contre un mal qui semble nous avoir plongé dans une impasse par l'effet de surprise avec lequel il se propage.*

***« Etats d'âme »**, cet autre recueil à la suite, se veut reflet d'un vécu avec les ressentis au gré de mes pérégrinations. Un vécu, par moments, sur fond de flash-backs nostalgiques qui me renvoient à mon royaume d'enfance.*

J'ai choisi d'entrée de jeu, pour cette publication, de procéder par bribes de textes continus mais à l'allure poétique très prononcée dans un style simple à dessein...

Aux critiques, je demande donc indulgence si parfois, dans la forme la métrique et certaines figures de style ont manqué pour rythmer d'avantage mes textes.

A vrai dire, j'ai voulu les livrer tels quels ; des textes captés dans l'instant, des textes telle une salve en guise de contribution au banquet des hommes et des femmes messagers des muses aux voix inaudibles mais perceptibles... pour qui sait écouter.

« La critique est aisée mais l'art est difficile »

Philippe Néricault – (auteur et comédien français)

COVID 19 EN RIMES

Sars cov 19 (1)

****

Dans l'euphorie festive de la belle symphonie de fin d'année,

Une note discordante se fit sur les ondes de tous les média.

Un nom, un chiffre... alerte d'une menace immédiate,

Jugulée par cette ode pour la clémence divine implorée.

Le virus a franchi la muraille

En ces temps de grisaille

Mettant à l'épreuve nos habitudes

Et vacillant nos certitudes.

Dans le silence des soirs de couvre-feu expiatoire,

Ma raison divague à la recherche de mots exutoires.

Le temps passe et avec lui des vies et souffles en rupture ;

Hommage à nos morts sous d'autres cieux sans sépultures.

Sars cov 19 (2)

****

Parti des confins lointains sous nos regards,

De ton odyssée pérégrinant,

Te voilà devant nos portes sans égards.

Paré de ta couronne et distillant

Ton onde de choc avec violence ;

Vains nos protocoles et combinaisons

Moléculaires face à ta virulence.

Contraints au confinement comme solution,

De partout tu seras combattu avec détermination

Par nos thermo flash et gestes barriers,

Pour la vie ou la survie qu'importe la manière.

Ennemi invisible nous viciant l'air sur terre,

La bataille tu as gagnée... mais pas la guerre.

Les mots pour le dire (1)

****

Ennemi mutant aux noms multiples sars covid 19,
À l'allure pandémique tu te propages telle une onde,
Nous bousculant dans nos certitudes la preuve par neuf.
Et dire que tu avais déjà sévi dans le monde !

Connu donc de notre corpus médico lexical,
Tu défies dans les laboratoires le corps médical
Entre tests et essais cliniques,
Protocoles et recettes sur fond de polémique.

De la covid organics à base d'artémisia malgache,*
A l'AZytromicine défendue avec panache,
Urgente la mobilisation au-delà des frontières.
Trêve de querelles dans les chapelles,
Le temps presse pour un vaccin aux médecins,
En attendant, seules sauvent, pour l'instant, nos gestes barrières.

*****Artémésia** : plante médicinale testée en tisane contre la covid,*
***Azitromycine** : un antibiotique qui appartient à la famille des macrolides*
L'hydroxychloroquine** molécule objet de recherche contre la covid (sarscov2) pour ses propriétés anti-inflammatoires et immunomodulatrices.*

Les mots pour le dire (suite 2)

****

Et voilà que du gel hydroalcoolique,

On parle d'effets secondaires.

Voilà que des solutions moléculaires,

On parle d'embolie pulmonaire,

De crises cardiaques rajoutant à la tourmente

Des populations qui se lamentent

En quarantaine dans la consternation.

Triste décor des rues le soir où l'on se presse indignés,

À l'approche du couvre-feu à l'heure fatidique indiquée.

Force à la loi implacable de l'état d'urgence

À rappeler aux récalcitrants sans indulgence

Par les forces de l'ordre

Aux ordres jusqu'à nouvel ordre

Veillant sur une consigne peu supportable des indigents.

Aux prémices du mal

****

Aux premières heures en cet hiver dans les couloirs,

De la pandémie on en parlait tel un fait divers de l'histoire.

Un épiphénomène en cette fin d'année sans crainte

Malgré l'écho charrié de la clameur des complaintes.

Point d'entraves à notre droit à l'errance consacré

Jusqu'au jour où on nous fit part du premier cas importé.

Plus rien ne sera comme avant,

Le danger guette de l'Orient

Et impose à tous la vigilance

Devant sa présence de toute évidence.

C'est la guerre...contre l'ennemi,

Mes vers en salve de jour comme de nuit.

David face à la covid*

****

Parés de vos masques allure martiale,

Pas fermes en cette heure matinale,

Vous voilà au front en première ligne

En rempart contre un ennemi qui persiste et signe.

A chacun sa manière d'en faire face....

Je me sens de la partie et ceci en est ma trace,

Dans ce combat épique sans frémir

Pour le salut de tous sans coup férir.

Malgré ses pics déconcertants.

Je le professe par l'écho de ma voix évanescente

Qui se perd tel un chant du cygne dans la clameur

En signe d'espoirs de jours meilleurs.

**Allusion au combat de David et Goliath pour préfigurer la victoire certaine contre la covid...*

Covid force (1)

****

Autant le dire au risque de se dédire...
Le dire et s'entendre médire,
Que diantre avait-on besoin de la covid

Pour enfin un ordre de partout ...hélas dans le vide !

Ordre dans nos trottoirs et emprises occupées,
Ordre dans nos frontières passoires fermées,
Ordre dans nos marchés et surtout aux baux maraichers,*
Que dire de l'hygiène dans nos bars et gargotes,
Où dans l'indifférence on jouait à la belote...

Que dire de l'insalubrité dans nos places publiques,
De la surcharge dans le transport public ...
Et de toutes ces nuisances face auxquelles notre impuissance...

Pour la postérité aux historiens de le dire,
Si ce n'est de le leur faire prédire
En ce temps d'introspection bilan
Avant l'amorce d'un autre élan.

*****baux maraichers** : principale gare routière de Dakar*

Covid force (2)

****

Vide des mers du ciel et de la terre.

Qui l'eût cru dans nos boulevards et artères ?

Qui l'eût cru de nos arrêts de bus,

Nos ronds-points et autres marchés à puces ?

Inédite vie d'abstraction,

Vie d'hibernation

Déclamée en rimes.

En hommage aux victimes.

L'infiniment petit a sévi à l'échelle,

Sentencieusement avec cruauté et zèle,

Nous révélant telle une sonde

Notre vulnérabilité profonde.

Covid attitudes

*****

Maintenant que rien ne nous soit possible,
Maintenant que nous savons en être la cible
D'un ennemi perfidement invisible ;
Place à nos génies en éclat d'initiatives
Face à cette épreuve pandémique
A vecteurs asymptomatiques,

Maintenant que point d'autres alternatives
Que le confinement à l'échelle collective,
J'ai pour ma part plutôt voyagé
En solitaire par monts et vallées,
Trajectoire cap vers le sud
À la quête des béatitudes.

J'ai voyagé au gré des ondes,
J'ai voyagé à travers le monde
J'ai vogué libre des protocoles et convenances,
Rassuré par la certitude de mes croyances.

Mais de mes pérégrinations en apesanteur,

Me parviennent des complaintes en chœur

D'un monde qui crie encore de douleur.

Le temps après

*****

Quand la menace sera jugulée…

Quand tout sera comme par le passé.

J'ose espérer pérenne notre unité

Face à d'autres fléaux,

Plus que par les mots

Par Amour et passion

Pour la divine création.

Avec confiance je rêve d'un monde meilleur.

Avec confiance je rêve d'un monde de valeurs,

Un monde solidaire par conscience collective.

Un monde libéré de nos postures passives.

Je rêve d'un monde sans grogne de sa voix inaudible

Qui se perd en appel d'une unité plausible.

Sénégalaiseries

****

Bien de chez nous que cette propension à nier l'évidence ;

Bien de chez nous que de nous illustrer par la defiance ;

Bien de chez nous que de persister par excès de confiance ;

Peuple béni, peuple rebelle...la menace est bien réelle.

Peuple à l'histoire éprouvée et capable de sursauts,

Peuple résilient, peuple d'érudits et de héros,

Peuple rebelle ...la menace est bien réelle.

Mais du désarroi de vos peines de l'instant

Pointe à l'horizon tel un soleil levant,

Une lueur d'espoir pour l'humanité,

Désormais consciente de sa précarité

A préserver au prix de nos libertés.

Espoir...pour l'humanité

Par la recherche appliquée,

En saine émulation dans les chapiteaux,

Contre nos maux et fléaux.

*Avec Badilé**

****

Si ce n'était que rester à la maison...,

À Badilé il fallait aussi en donner les raisons.

Même si pas évident à cet âge avec l'élocution,

***Coronavirus** n'étant pas **co lo na vilus** de diction,*

*Encore moins « **coups de feu** » pour **couvre-feu***

Malentendu phono-sémantique des mots captés

Qui cache un autre front de conflit d'intérêts

Avec ses frères ados à l'assaut des réseaux sociaux

Quasi indifférents de la situation qui prévaut.

A chacun son programme pour atténuer son drame,

Si ce n'était que rester à la maison...à faire face

Avec audace et sans perdre la face

Devant une situation qu'on endure... mais qui perdure.

****du nom de ma fille cadette** ...qui cherchait...légitimement à tout comprendre*

Tous égaux

****

Les hommes naissent libres et égaux,

En atteste le socle principiel nonobstant nos égos ;

Egaux devant un mal qui ne connait de frontières

Que les seules limites de nos gestes barrières.

Pour tous, la menace a la même acuité...

Partout la pandémie est au cœur de l'actualité.

Message ne pouvait être clair pour les hommes

Face à un ennemi aux relents maléfiques.

Qui nous impose une guerre asymétrique.

Ce sera Vaincre plutôt que périr,

Vaincre même si à la Pyrrhus.

*A Mababa**

****

Anomalie sympathique aimais-tu te définir,
En pape du monde sportif tu viens de partir.
Tu forcais admiration par ton allure et ta réplique,
Admirable tu l'étais pour ta rhétorique.

Courageux pionnier très tôt parti de ton bercail,

Tu a tiré ta révérence à la manière des étoiles

Filantes de là-haut dans les cieux

D'où scintillent tes médailles

En reflets de ton parcours glorieux.

Discret et généreux, du témoignage de tes proches,

Te voilà parti sur la pointe des pieds sans aniccroche,

Nous laissant un goût d'action inachevée,

Malgré nos supplications à ton chevet.

Repose en paix Mababa.

En hommage à **Pape Mababa Diouf agent de joueur et ancien Président de l'Olympique de Marseille*

ETATS D'AME

"Parfoids il faut connaitre la tristesse pour apprécier le bonheur, supporter le bruit pour apprécier le silence et vivre l'absence pour apprécier la presence"
Auteur inconnu

Mots pour Maux

****

Vois-tu...,

J'écris d'abord pour moi,

J'écris surtout quand je suis dans l'émoi.

Je crie plutôt à travers mes textes

Le plus souvent selon les contextes.

Quand me vient l'envie de le faire...

Exutoire devient ma plume

Comme en ce jour de brume

Pour vous décrire mon état d'âme.

Puissance du verbe contre les maux,

Des maux qui me lacèrent telle une lame ;

Je crie en douceur dans mes écrits de douleur.

Silence ! Je me panse par les mots...

*Pour Junior**

****

Vis ta vie comme tu en as l'envie...

Vis ta vie à ta façon sans ennuis...

En comptable, seul de tes actes...

Devant Dieu, fais en un pacte.

Prends donc garde de tout mimétisme,

Et vas ton chemin le monde sous ton prisme

Tant dans les moments de défaites que de victoires.

Tel Ugathi l'aïeul, pour le triomphe et la gloire,

Tu ne devras abdiquer devant aucune menace,

En preux guerrier des massifs de Diass.

Puisse ta trajectoire te conduire au-delà des océans,

Dans le sillage des hippopotames,

Nos totems des mares où s'abreuvent nos âmes.

* *A mon fils ainé en guise de viatique*

**Djoliba*

****

Un soir au bord du Djoliba,

Au loin le soleil déclinant,

A la fraicheur des vents de printemps,

Je méditais sur ma destinée ici-bas...

Encore un jour qui passe avec mes traces,

Comme empreintes pour la postérité.

Dans le mouvement de ma trajectoire délimitée.

Tel l'astre pour un lever radieux,

Le temps de nos triomphes glorieux...

Tel l'astre au coucher d'adieux,

Mes souvenirs évanescents vers les cieux

Dans le clair-obscur d'une vie en vrille qui vacille.

Djoliba *: autre appellation du fleuve Niger qui traverse la capitale Bamako*

Libre propos

****

A ***coup de pilon*** *au petit matin,*
Le devoir de violence *s'imposait À* ***Chaka***

Pour la libération de son peuple
Réduit à ***une vie de boy****.*

*Halte aux jeunes à l'****aventure ambiguë***

Dans le ***ventre de l'atlantique!***

Nous disons oui à ***l'appel des arènes***

Et non au chant des sirènes.

A vous Jeunes espoirs d'Afrique

Je dédie ce ***chant écarlate****...*

Chants d'ombres *en tremolo*

De ***l'enfant noir*** *en sanglots*

Sur son ***chemin de retour au pays natal.***
Leurres et lueurs *du* ***soleil des indépendances,***
Ce **discours sur le colonialisme**
Avec rage et ***sous l'orage,***

**Libre propos avec en toile de fonds quelques titres d'auteurs d'Afrique et des Antilles*

Bindaba natal

****

Nostalgique, je le suis de mon village,

Mon havre beau village en temps d'hivernage.

***B**indaba de nos gambades,*

*Bindaba de **nos** balades,*

Nostalgique du kaléidoscope les soirs

A l'envol d'oiseaux par myriades des cimes

De palmiers dressées très haut fière allure.

***B**indaba des moussons et du clapotis des ruisseaux,*

Bindaba des rivières aux flots dorés de rayons,

Beaux rayons du soleil déclinant...

Flux et reflux de souvenirs...

Souvenirs de ma terre natale

Au fin fond des clairières jadis parcourues

De jour comme de nuit au clair de lune qui luit.

Flux et reflux de souvenirs...

Il pleut des cordes débordent des rivières

À flots dans mon âme que perce l'éclaire...,
Sursaut en pleurs d'un cauchemar
Qui m'émerge de la mare
Où se prélassent mes totems fidèles
Au pacte d'hier scellé.

Pied à terre je marche rassuré
De mes angoisses des lendemains à redorer...
Il pleut des cordes, débordent des rivières
Et de ma barque tel du temps du déluge,
Je vogue vers le large porté par les flots
Mon chemin par les eaux
En quête de mon identité....

Bindaba natal, terre sacrée,
Terre ceinte par des hordes venues d'ailleurs
Embastiller et profaner nos sanctuaires.
Absurde que cette guerre qui perdure,
Au son des staccatos qui nous tourmentent!

Me voici esseulé à la quête de grâces,
Me voici dans un face à face
Avec les mânes à l'ombre d'autels ...

Me voici remontant le temps emporté

Par mes souvenirs encore vivaces.

Souvenirs des jours de libations

Implorant abondance et protection.

Moments de communion en ces lieux sacrés

Où les sorts de mauvais présages sont à jamais conjurés.

Bindaba natal... me voici en pèlerinage à la nage.

Me voici parcourant et fouillant avec rage

Les coins et recoins guidé dans ma quête par des voix
Des voix d'hier...des voix de toujours qui m'indiquent la voie.

Ici tout me parle et me rappelle les origines de ma trajectoire

Sur ce terroir mien...

Souvenirs de mes émotions des jours de fêtes

...mes émotions des jours de deuil...

Bindabois mon peuple aux abois,

Peuple résistant et résilient face aux tempêtes,

A l'unisson de destin et de dessein,

Pour le chemin du retour..

Nous le ferons ensemble...

Bamako

****

Drapée dans tes couleurs ocres,

Du ciel tout près je te contemple en ce beau matin d'octobre

Splendidement serpentée par les méandres du Djoliba.

***B**amako, enfin je te découvre si près et bien en verve ici-bas*

Ppressée de me conter ta belle histoire des temps immémoriaux.

***B**amako le temps passe et j'apprends à aimer ton ambiance*

Ambiance des dimanches rythmés au tempo des alliances ;

Alliances de vie de couples scellées dans les mairies

*.**A**mbiance des dimanches à Bamako dans les rues*

Au milieu des convois d'honneur,

Ambiance partout sous des tentes

Où des tantes acclament et dansent.

Eloge à la vertu

*****

Sous nos cieux encore des hommes,

Sous nos cieux encore des femmes,

Des hommes et femmes dignes,

Des hommes et des femmes divin(e)s

Hommes et femmes de valeurs.

Hommes et femmes d'honneur.

Hommage à vous sous nos cieux

Nos cieux d'ici et d'ailleurs.

Hommage à vous pour vos actes

Vos actes admirables de tacts.

Ces vers à vous déclamés en éloge

Pour vos faits de contes de fées

Ces vers à vous tels des pétales de roses.

A l'épreuve du temps

****

Silence qui perdure…

Silence qui intrigue…

A l'épreuve du temps

Des souvenirs se tassent,

Aux flancs des digues.

Nos chemins divergeant,

D'amitié s'émoussant

Au gré des flots de vagues

Nous éloignant des rivages.

S'ouvrent de nouvelles pages

Au-delà des fleuves et des âges.

Il se fait tard force à l'évidence du silence

À fort écho de nos voix jadis portées par les vents.

Echos des martyrs

****

Vous parviennent encore nos supplications

En martyrs pour nos convictions.

Par nos voix en dénonciation de crimes,

Par nos voix en solidarité aux victimes.

Dans ce monde vacillant,

Monde de haine et de violence.

Triste est notre constat d'impuissance

Triste est notre attitude d'indolence.

Venu le temps de l'action,

Venu le temps de la passion

En rempart aux velléités de domination…

Genoux à terre en imploration

Pour le triomphe de la raison.

A Gaga Joackim

****

Je te revois encore emmitouflé,

Te prélassant dans la douceur

Tout calme, petit ange couché

Gigotant plein de candeur.

C'est le temps de la nativité,

Avec ses fastes de pure Félicité.

Dans ce monde sous nos cieux

Nous t'accueillons en don de Dieu.

Tel l'astre à l'aube tout de lumière,

Te voilà irradiant en ce matin d'hiver

Que percent tes cris portés en écho vers l'embouchure

Où jubilent nos totems des mares au son de la lyre.

Pour ta gloire Seigneur,

Ma voix en cette heure plein de bonheur

Pour le don de cet enfant

Qu'acclame mon clan.

Maliba

****

Du désert, des hordes amères

Sont venues troubler ta quiétude

Te défiant sur les terres

De tes vaillants ancêtres guerriers.

Mais aujourd'hui comme hier,

Impassible face aux vicissitudes

Vécues au long de ta glorieuse et épique histoire.

Tu vaincras sans déboires.

A tes côtés Maliba,

En rampart le long du Djoliba,

Nous prendrons fait et cause pour toi,

En nations éprises de justice et du droit

Tant pour ta liberté nous en faisons notre combat.

Certitudes

****

Nous partirons tous un jour

Et ce pour toujours.

La preuve que par nos actes,

La preuve que par nos pactes.

De nos missions accomplies devant les hommes.

Nos actes en guise d'épitaphes sur nos tombes.

Avant l'envol vers les cieux,

A l'appel du Seigneur Dieu

Me voici face contre terre

En imploration avec mes pairs

Tant il m'est clair

Que cette vie qui passe

Est toute de grâces.

Souvenirs d'enfance

***

Souvenirs du temps

Où nous parcourrions les champs

À la recherche du pâturage.

Souvenirs du bel âge,

Le soir venu nous délectant,

De belles histoires

Autour du feu de bois...

Souvenirs de nos randonnées

Souvenirs des envolées

Nos randonnées champêtres

Les envolées lyriques des maîtres..;

Je tente de me réconcilier avec le passé

De ma tendre jeunesse lointaine des années couvées...

C'était la belle époque à l'âge juvénile ...

A Bindaba terre natale matrice de nos rêves puérils.

Bateau le Joola

****

Ce jour-là,

Tanguant,

Tu partis pourtant

Du port de Ziguinchor

Péniblement à tribord et bâbord

Cap vers l'embouchure à l'assaut des flots.

Un voyage de trop...

A l'affût un orage ...

S'ensuit un naufrage...

Souvenirs amers d'une ultime croisée en mer ;

C'était...un jour d'orage un jour...d'été.

Triste record d'une hécatombe maritime.

Au nombre tristement record de victimes.

Daigne Seigneur accueillir nos sœurs et frères

Dans ta demeure à la droite du père.

**Le Joola est le ferry qui assurait la navette entre la capitale sénégalaise (Dakar) et la région naturelle de Casamance. Il a sombré dans l'océan Atlantique le 26 septembre 2002 au large des côtes gambiennes....*

*Bateau le Joola (2) **

****

À Dakar nous vous attendions...

A Dakar nous espérions...

Mais force à l'évidence...

Le diola a coulé dans les fonds abyssaux...

Aux victimes ces bouquets de fleurs à l'eau

Qui voguent dans nos flots ...

De larmes...

C'était un jour d'été

Un jour d'orage ...

Un jour de naufrage.

Peine au cœur, cris étouffés

Le temps du recueillement...

Un instant dans le calme....

Le diola a coulé,

Coulent encore nos larmes

Face au drame d'une catastrophe

Difficile à vous traduire en strophes.

Le moment favorable

****

À l'aurore à l'heure où se dissipent les ténèbres,

Au petit matin au réveil bercé de cris allègres

D'oiseaux à tire d'ailes dans leur envol vers le ciel...

Il en a toujours été ainsi tel un rituel

Vécu de ma fenêtre dans la quiétude

Qui aiguise mes sens à l'écoute des muses.

Je vous le confesse...,

Pour ce qui se dit, s'écrit et se chante

Parfois de façon sublime qui vous enchante ;

Nous n'en sommes que des messagers privilégiés

Le temps d'un songe illuminé.

C'est de ma fenêtre disais-je,

A l'heure où cette voix qui ne s'entend

Que lorsque toutes les autres se taisent,

Dicte à mon tréfond ces vers entrelacés

Que je vous livre comme tels à mon aise.

En viatiquer

****

Ni dans l'amertume de la défaite,

Ni dans l'ivresse des fêtes,

Vous ne devez de vous attarder,

L'essentiel étant de jouer,

Chacun pleinement sa partition,

En accomplissement de sa mission.

Courage et persévérance dans l'effort,

Votre dignité vous défendrez sans remords.

Où que vous puissiez un jour vous retrouver

Vous ne devez que toujours viser les sommets .

A vous j'indique le fardeau comme flambeau

Le fardeau du dur labeur qui vous libèrera des fléaux.

Ainsi je vous ai parlé comme il m'en a été enseigné

En viatique que je n'ai cesse de ressasser

Depuis l'aube de ma jeunesse

Et certainement jusqu'au crépuscule de ma vieillesse.

Le temps qui passe

****

Comme un fil tu tisses nos destins ;

Comme un fil tu figes nos desseins ;

Fin des grandeurs,

Fin des honneurs,

Voilà que nous délaisse la vaillance.

Voilà que nous délaisse la patience,

Voila que nous délaisse la vigueur jadis exaltée

Le temps passe et avec lui l'énergie de nos vanités,

En prémices d'une fin inéluctable.

La fin de nos destins vulnérables

A l'épreuve du temps qui passe.

Un homme pressé

****

Je bouge à tous les vents,

De l'avant je m'en vais à tous les temps,

Point de répit tant le temps presse

Dans mon solitaire combat contre la détresse.

Comme les nuages dans les cieux,

J'avance au gré des vents au mieux

En pleurs parfois d'impuissance

Face aux drames vécus en silence.

Je vais mon chemin

Plein d'entrain

En solitaire circonspect

Sans regrets.

Epreuves de la vie

****

Ce fleuve débordant aux heures de crue

Est ma vie en don,

Ma vie de détresse et de cris,

Ma vie de défis et de compromis,

Ma vie à l'aune de mes ambitions

Que je déroule au gré de mes convictions.

Pour le salut de mon âme;

Devant l'autel des mânes...

Je vous revois en prêtresse

Femme mère amère de mes supplices

Face aux épreuves de la vie

Ma vie que j'assume...

Sans amertume...

Mystères

*****

Mystère ce vent qui souffle s'agite et se calme.

Mystère ces ténèbres que dissipe la flamme.

Mystère cette lumière qui jaillit et illumine.

Mystère cette étendue d'eau qui coule et s'évapore.

Mystère la vie...

Mystère la destinée,

Mystère la mort...

Oracle de mes aïeux que ne résiste aucun mystère,

Oracles pour qui il n'y a d'effets sans cause sur terre...

Éclot en moi le don de percer ces nœuds inextricables

De toutes ces réalités abstraites qui s'imposent inéluctables

Ici-bas sur la trajectoire de nos destins

Le temps d'une vie où chacun va son chemin.

Tragique nouvelle

*****

A l'aube d'un matin, un coup de fil...

Tragique nouvelle ...au bout une voix en sanglots...

Pesant silence comme à l'arrêt des grelots...

Des images se bousculent et défilent...

Tout est accompli seigneur Dieu éternel.

Devant ta souveraine volonté je m'incline à ton appel.

Puisse le deuil commencé dans le silence de la méditation

C'est le temps de la litanie dans mon cœur saigné

Tu n'as pu m'attendre, malgré toi, je le sais.

Autant partir avec les Anges ailes déployées

Il se fait tard ...

Et au loin... le tonnerre gronde.

In memoriam

*****

Regard de travers presque fuyant,

Inertie au son de ma voix implorant,

Autant de signes pour qui pouvait les decoder;

Tu t'en es déjà allée vers ta demeure

Eternelle en ce jour de très bonne heure.

Par les allées fleuries des monts et vallées,
Je imagine dans l'extase de la félicité,
Toute irradiante auprès de ton père...
Je l'espère.

Mon cœur en peine pleure encore ton départ...
Même si confiant qu'ici à l'ombre de ces arbres tutélaires
Ici en terre sacrée de Badjik, pour ton repos éternel.*
Auprès de tes aieux,

nulle part ne vaut...!

Adieu ma soeur.!

Adieu Monica !

**En hommage à ma sœur cadette*

**Badjick : village en territoire Bissau Guinéenne*

Chagrin

****

Il est des jours sans suite...,

Des jours de pleurs.

Il est des jours sans joie...,

Des jours de peur.

Jours d'amertume,

Jours de tristesse.

Jours d'adieu aux siens

Vécus dans la détresse.

Envie de crier sans retenue ma douleur.

Je te pleure encore en silence dans mon cœur.

Pleurs et méditations sur ton destin en vrille.

Mais dans l'espérance que de là-haut brille

Ton étoile en constellation stellaires.

Dans la douceur de la béatitude celeste,

Pour l'éternité auprès de ton Seigneur.

Repose en paix ma soeur !

Printed by Books on Demand GmbH, Norderstedt / Germany